푸른 시와 시인

조애숙 시집
햇살 위에 손을 얹다

마을

빛나는 시정신을 꼼꼼하게 엮어내는 ─ 마 음

햇살 위에 손을 얹다

조애숙 시집

1판 1쇄 인쇄/ 2025년 11월 25일
1판 1쇄 발행/ 2025년 11월 30일

지은이 / 조애숙
펴낸이 / 우희정
펴낸곳 / 도서출판 마음

등록∥1993년 5월 15일 제3001-1993-151호
주소 03073 서울 종로구 성균관로5길 39-16
전화∥(02) 765-5663, 010-4265-5663

값 14,000원

*잘못된 책은 바꿔 드립니다.

ISBN 978-89-8387-376-7   03810

햇살 위에 손을 얹다

조애숙 시집

마을

시인의 말

시 줍는 시간
무엇보다 나에게 선물하는 귀한 시간입니다.

바람과 함께 걷고
들꽃과 이야기를 나누고
햇살의 빛결 속에서
조금은 환해지고 깊어졌습니다.

그 길에서 주운 몇 줄의 문장이
나의 삶, 나의 시가 되었습니다.

· 시인의 말
· 해설 ─ · 신병은

1. 그대에게

꽃이라는 이름 ― · 12
곁가지에서 온 편지 ― · 14
햇살 위에 손을 얹다 ― · 16
같은 지붕 아래 ― · 18
곁 ― · 19
고요한 부활 ― · 20
그날 ― · 22
구름 속의 묵상 ― · 24
그대 때문에 ― · 25
그대에게 ― · 26
그리움은 빗물 되어 ― · 28
꽃처럼 살자 ― · 29
나무 옮기는 날 ― · 30
놓아주려 해 ― · 32
너의 시간 ― · 34
달빛의 손짓 ― · 35
동짓날 아침 ― · 36
덕분에 ― · 38

2. 별빛처럼

들길에 핀 위로 —·40
따뜻한 품이 되고 싶다 —·41
먼지 위에 앉은 빛 —·42
벚꽃, 어머님의 봄 —·44
때죽나무꽃 —·46
마음을 담다 —·48
마음을 잇다 —·49
한마디의 말 —·50
다시 피어나다 —·51
보고 싶은 어머니 —·52
별빛처럼 오래도록 —·54
분꽃 —·55
비워야 머무신다 —·56
산사의 종소리 —·57
새해 아침 —·58
선물 —·59
소록도의 기도 —·60
마음이 있는 곳 —·62
설렘 —·64

3. 아침 풍경

아침 풍경 ― · 66
오동도에 들면 ― · 68
숲을 거닐다 ― · 70
어머니, 희망의 이름 ― · 72
숲이 내어준 자리 ― · 74
여름 산길에서 ― · 76
숲속 시낭송 ― · 78
아름다운 뒷모습 ― · 79
아침 햇살 ― · 80
안개에게 배운다 ― · 81
아침 기도 ― · 82
어머니 ― · 84
안개 속 기도 ― · 86
연둣빛 첫사랑 ― · 88
하얀 장미 ― · 89
오조리에서 ― · 90
이런 사람이고 싶다 ― · 92
억새에게 배운다 ― · 93
잃어버린 꿈 ― · 94

4. 파르르, 봄

작은 반성 —·98
작은 아픔이 불러온 그리움 —·99
페타이어 —·100
해무 속 오동도에서 —·102
작은 기도 —·104
파르르, 봄 —·106
첫여름의 숨바꼭질 —·108
짧은 만남 긴 여운 —·110
절개 —·112
지금 어디세요? —·113
피안의 길에서 —·114
청년을 만나러 갑니다 —·116
파도와 나 —·118
하늘과 구름 —·120
화엄매 —·122
후회는 없어라 —·124
가을길에 놓인 시 —·126
12월 문턱에서 —·127
성가정의 길 —·128
남은 날의 다짐 —·130

1

그대에게

꽃이라는 이름

모퉁이를 돌다
하얀 남천꽃 아래
분홍 낮달맞이꽃 삼색제비꽃
페튜니아의 숨결에 발길이 머뭅니다

고개 들어본 철망 위
하얀 종이 한 장
"화단에 있는 풀은 모두 꽃입니다"

그 말이
꽃보다 먼저 가슴에 핍니다

같은 풀이라도
누구 곁에 피었느냐에 따라
꽃이 되기도 합니다

함께 피어있는 것만으로
꽃이 되는 일도 있고

곁이 되어주는 것만으로
누군가의 꽃이 되는 순간도 있습니다

우리는 모두
누군가의 곁에서
꽃이 되어야 할 이유입니다.

곁가지에서 온 편지

시든 줄 알고
치자 가지를 뽑으려 했지

보랏빛 수국 아래
햇살조차 비껴간 곁가지에서
하얀 꽃 한 송이
살며시 나를 보았어

손을 거두고
한참 동안 서 있었어

보이지 않는 곳에서
기다리고 있었구나

아무도 모르게
자신의 시간을 열고
향기 한 숨결
조용히 세상에 내어놓았구나

꽃이여,
시든 것은 네가 아니라
나였구나

햇살 위에 손을 얹다

어머니가 떠나신 지
사계절이 지났지만
꿈속에도 오시지 않는 건
너무 멀리 가셨다는 뜻이겠지요

잠결에 손을 뻗어
당신 누우시던 자리를 더듬고
덮어주시던 이불자락을 가만히 당겨봅니다

된장 뚜껑을 여시던 장독대 앞,
나는 살금살금 다가가
어머니 허리를 꼭 껴안았지요
놀라 돌아보시며
"귀찮게 하지 마라" 하셨지만
입가엔 햇살 같은 웃음이 피어났지요

그립다는 말을 마음속에 눌러두고
하루를 조용히 보냅니다
그 말이 목 끝에서 차올라
저녁 찻잔에 가만히 내려앉습니다

어머니,
당신이 계시던 자리에
햇살이 길게 누웠습니다
그 햇살에 손을 얹어봅니다

당신 손길처럼 참 따뜻합니다

같은 지붕 아래

잠자는 시간이 달라졌어요
그렇게 우리는 각자의 방을 갖게 되었죠

거실 양쪽으로 잠자러 가는 길
서로에게 "잘 자요"라고 말해요

아주 가끔은 짧은 길이 멀게 느껴지고
돌아서는 길이 좀 쓸쓸하더라고요

밤새 뒤척이지 않기 위한 우리의 선택,
서로의 깊은 잠을 위한 거리예요

"잘 잤나요"
그 말이 조용히 서로의 아침 문을 열어요

서로 다른 방에 있어도
같은 지붕 아래 있다는 건 감사할 일이에요

"잘 자요"
"잘 잤나요"

서로를 만나는 인사가 언제까지일지 모르지만
오늘, 지금 이 순간이 참 고마워요.

곁

어느 날엔 바람막이였고
어느 날은 등불이었습니다

걷다 보면 지칠 때가 있었지만
당신의 눈빛이
나를 일으켜 세웠습니다

끝까지 함께 걷고 싶은 사람
그 사람이 당신이라서
오늘도
고요한 바람으로 당신 곁에 머뭅니다.

고요한 부활
- 어느 소방관에게

작은 실수 하나가 삶을 삼킬 때
누군가는 골고타를 향해 걸어 들어간다
희망은 언제나, 그런 발걸음에서 시작된다

가시관처럼 불꽃이 살을 할퀴고
뜨거운 불길과 짙은 연기 속에서
생명을 구하는 사랑의 손길은 멈추지 않는다

마침내,
예수께서 돌문을 열고 걸어 나오셨듯
그도 다시 걸어 나왔다
그을린 얼굴, 젖은 눈빛 속에
"살아 있습니다"
그 한마디로 모든 피로를 내려놓는다

부활은 오래전의 기적만이 아니다
누군가는 매일 십자가를 지고

불길 속에서 새 희망을 꺼내는 일이다
등 뒤로 피어나는 하늘빛 새벽을 위한
감사의 기도다.

그날

오동도 하얀 등대 모퉁이 데크길을 걷는다
붉게 물든 동백꽃들이
바람에 젖은 기억처럼 흩어진다

손끝 닿는 자리마다
핏빛으로 물들던 그날의 바람
누군가의 마지막 숨결이 되어
아직도 바다 위를 맴돈다

사연을 모르는 여인들이
바다가 훤히 보이는 쉼터에 앉아
사진을 찍고 웃는다
그때 잠든 꽃 한 송이
내 앞으로 툭 떨어진다

저도 놀랐구나
꽃잎은 붉게 떨고
나는 조용히 손바닥으로 그 온기를 받는다

송이송이 품에 안고 돌아오는 길
은륜이 빛을 품은 듯 가볍다

집에 들어서자
오래 잠들어 있던 서재가 향기로 환하다
그날의 숨결이 다시 피어난다

등대 아래 붉은빛이 오래도록 흔들린다

구름 속의 묵상

문득 바라본 앞산
쏜살같이 흘러가는 구름 그림자
나의 하루가 구름의 속도로 흘러간다

빛처럼 빠르게 지나온 시간 속
젊은 날 끝없이 아득했던 길
이제는 손에 닿을 듯 가까워졌다

되돌아 묻는다
남긴 흔적들은 따스했는가?
나의 소박한 걸음이
누군가의 그늘이 된 적은 없었는가?

지나온 길
작은 빛 하나로 남을 수 있기를,
작은 불빛처럼
어둠 속 한 줄기 빛이 되어 피어오르길,

앞산의 그림자를 보며
잠시 내 속도를 내려놓는다.

그대 때문에

아침이 아름다운 건
이슬 때문이고

낮이 아름다운 건
그림자 때문이다

저녁이 아름다운 건
어둠 때문이고

내가 아름다운 건
그대 때문이다

나의 생애 속에 뛰어들어
내 안을 밝힌 그대여

나의 시들지 않은
연둣빛 초록이어라.

그대에게

어둠이 옷을 벗는 고요한 새벽
길을 나서며
말없이 서로의 온기를 느끼죠

그대가 건네는 따뜻한 차 한 잔으로
내 하루가 환해져요

자전거 길 위에서 뒤돌아보며
나를 챙기던 그대의 눈길
내 발걸음까지 헤아리는 사랑이었죠

삶이란 늘 갈림길에서 머뭇거리고
고뇌는 그림자처럼 따라붙고
선택의 무게는 어깨를 짓누르지만
그대는 언제나 내 곁에서
나를 일으켜 세워주었죠

어쩌면 나는
사랑스러운 은방울꽃같이
수줍은 소녀처럼 그대 곁에 머무르며
영원한 행복의 꿈을 꾸는지도 몰라요

그대의 애틋한 눈빛으로
사랑받고 있는 난, 그대가
이 세상에서
가장 소중한 사람이란 걸 알아요.

그리움은 빗물 되어

꿈결인 듯 아닌 듯
새벽부터 속삭이는 빗소리에 잠을 깹니다

그리운 마음 한 가득이니
빗소리에 엄마의 숨결이 스며들었나 봅니다

엄마, 엄마
나지막이 불러 봅니다

꿈속에서도 보지 못했던 엄마가
그리워 애타는 마음속 비가 되어 오셨을까요

창문을 열고 가만히 손을 내밀어 봅니다
엄마의 손길처럼 부드럽습니다

오늘은 종일 엄마의 품속을
걸어야겠습니다.

꽃처럼 살자

꽃은 말이 없다
그러나 우리는 안다
가장 빛나는 순간에도
떠날 준비를 한다는 것을

아름다움은 바람처럼 스쳐간다
붙잡을수록 숨결은 무겁고
추억은 그림자처럼 희미해진다

꽃처럼 살자
마지막 꽃잎이 떨어지기 전에
고요히 길을 내자

떠남은 끝이 아니다
꽃잎은 흩날리고 씨앗이 되고
사랑은 흘러가며 다른 빛을 남긴다

빛이 깊어질 때
붙잡지 않는 용기
그것이 가장 아름다운 사랑이다.

나무 옮기는 날

온종일 비가 내렸다
남편은 오전과 오후로 옮겨 심은
단지 내 나무들을 둘러보고 돌아왔다

"말 못하는 나무라고 함부로 할 수 없었어"
비에 젖은 그의 옷자락보다
그 말이 더 먼저 내 마음에 젖어 들었다

동네 주차장 공사로 옮겨져야 했던 나무들
십 수 년을 주민들과 함께한 시간
그보다 오래전 비와 바람과 햇빛이
키워 온 세월을
쉽다는 이유로 뽑아낼 수 없었단다

옮겨오는 길은 험했고
가지치기의 상처가 남았지만
그 아픔만큼 더 단단히 설 것이다

머잖아 한여름이면 주민들의 그늘이 되고
아이들이 숨바꼭질을 하고
새들이 찾아와 노래하는 작은 숲이 될 것이다

우리는 잠시 스쳐 가지만
나무들은 하늘을 덮을 만큼 자라
새와 아이들과 바람과 꽃을 품고
오래전 누군가의 마음이
먼저 와 있다는 것을 기억하리다.

놓아주려 해

어느 순간 알았다
새들도 때가 되면
둥지를 떠나야 한다는 것을

사랑이라는 이름의 잔소리는
허공에서 미끄러지고 벽에 부딪혀
툭, 떨어진다

까맣게 타들어 가는 마음
네가 모를 리 없는데
태연하게 미소 지을 때면
서운함마저 밀려든다

"인생은 타이밍이야"

나는 널 붙들고 있었지만
붙잡힌 건 내 불안이었다

그래
슬슬 놓아줘야 한다
나무가 바람을 붙잡지 않듯
강물이 흘러가는 물길을 막지 않듯.

너의 시간

봄꽃들이 환하게 고운 미소를 피우는데
유독 저 한 그루의 매화만 입을 꾹 다문 채 서 있네

무슨 슬픔이 너를 서성거리게 했니?
어떤 그리움이 너를 머뭇거리게 했니?

물빛 그리운 마음 깊숙이까지 닿지 못한
바람길이 너무 멀었니?

괜찮아, 서두르지 마
나도 그런 적이 있었어.

조금 더 너의 시간 속에 머물러도 돼
이쯤에서 너의 환한 미소를 기다릴 테니.

달빛의 손짓

늦은 밤
암막 커튼을 닫다
달빛과 눈이 마주쳤다

이야기를 나누자
손짓하는 듯했지만

종일 고단한 탓에
이내 커튼을 닫았다

혹시 서운했을까
살며시 커튼을 열어본다

달무리 품에 안겨
환히 웃는 달

밤새 지켜줄 테니
어서 잠들라 손짓한다

고개를 끄덕이며
달빛에 기대어 눈을 감는다.

동짓날 아침

지인이 보내준 새알 죽 한 그릇
하얀 김이 모락모락 식구들 둘러앉아
새알을 빚던 생각이 납니다

어머니 손끝에서 길게 늘여진 반죽은
우리 손끝에서 둥글게 둥글게
마음 담아 빚어졌지요

작은 손으로 빚던 새알이 은쟁반 위에
가득 채워질 때면
우리들의 웃음소리도 이야기도
함박꽃처럼 피어났지요

나누는 기쁨으로
차가운 겨울을 녹이던 동지팥죽
새알 하나하나에 어머니의 사랑이
스며들었지요

동짓날 아침
새알을 빚던 그 시절이
어머니의 그 손길이 너무도 그립습니다

오늘,
어머니와 함께했던 따뜻한 추억을 먹습니다.

덕분에

자갈길이라
걸어왔던 길들이

돌아보니
꽃길이었다

그대 덕분에.

2.
별빛처럼

들길에 핀 위로

물기 어린 들길을 걷다
발밑에 피어난 작은 들꽃 하나를 보았습니다
세상의 분주한 발자국들 사이에서
누구의 눈길도 받지 못한 채
조용히 피어 있는 꽃을 바라보는 동안
세상은 잠시 멈춰 있었습니다
숨 가쁘게 달려온 날들 속에서도
이토록 작은 생을 바라볼 줄 아는 눈이
아직 내 안에 남아 있다는 사실이
그저 고마웠습니다
지친 마음, 풀어놓지 못한 말들이 많았지만
바람은 지나가고 꽃은 말없이 흔들렸고
나는 그 곁에 한참을 앉아 있었습니다
꽃은 아무 말도 하지 않았지만
그날,
가장 따뜻한 말을 내 안에 남겨 주었습니다

따뜻한 품이 되고 싶다

겨울 산은
굽은 오솔길을 등에 지고
찬바람 하나
조용히 품 안에서 녹입니다

겨울 바다는
아픔을 몰고 오는 파도조차
말없이 끌어안고
물속 깊은 기도로 감쌉니다

겨울 산과 바다에서
그분의 자비를 떠올립니다
말없이 안아주는 손길
고단한 이들을 위한 따뜻한 숨결
묻지 않고 건네는 넉넉한 품

살아 있는 동안
한 번쯤은
누군가에게 그런 품이고 싶습니다.

먼지 위에 앉은 빛

이른 아침,
햇살에 들킨 먼지들이
숨죽인 채 떠다닌다

그 가벼운 부유(浮游) 속에서
내 마음도 흔들린다
아무리 쓸어내도 지워지지 않는
부끄러운 흔적

재의 수요일,
이마에 얹힌 한 줌의 재
"흙에서 왔으니 흙으로 돌아갈 것을…"
그 말씀이 오래도록 나를 붙든다

먼지처럼 사라질 이생,
사랑이 스며 나를 맑히어
빛 속에 드러나도 부끄럽지 않게

불평은 내려놓고
작은 기쁨을 길어 올리며
마지막엔 당신 품으로
조용히 안기고 싶다.

벚꽃, 어머님의 봄

벚꽃이 하늘로 오르던 날
어머님은 조용히 소풍을 떠나셨습니다

바람은 숨을 죽이고
햇살은 한없이 맑았지요
임실호국원 가는 길가엔
가로수길 벚꽃이 작별 인사를 건넸습니다

차창을 물끄러미 바라보던 남편은
"장사익의 노래처럼…
오늘은 꽃구경 가는 길 같아…"
말끝에 맺힌 눈물 한 점
봄바람 속에 젖어갔습니다

어머님은
울지 말라 이르듯
하늘 가득 벚꽃을 피우셨고
그 아래 서 있는 우리는
이별을 꽃으로 배웠습니다

이제 우리는 압니다
해마다 봄이 오면
당신께서 피어날 것이라는 것을

벚꽃은 더 이상 눈물이 아니고
당신이 보내오신
희망의 봄이라는 것을….

때죽나무꽃

봄꽃들의 유혹으로
연둣빛 새순들의 손짓으로
희망을 안고 오월의 산으로 들어섰지

구불구불 산길을 걷다
어디선가 경쾌하게 들려오는
종소리 합창

와,
감탄도 잠시
꽃그늘 아래 숨어든 난
수줍어하는 네 속살을 보고 말았지

박사(薄紗)결의 하얀 피부
눈부신 자태
그럼에도 네 시선은
겸손히 아래로만 향하고 있었지

오월의 숲에서
너와 마주하며 배우는
겸손과 섬김

너는 층층이 촘촘히 꽃집을 지어
아낌없이 내어주며
섬기는 삶을 살고 있었지.

마음을 담다

흘러가는 물도
떠주면 공(功)이 된다

서 말의 구슬도
한 줄 한 줄 꿰어야 빛난다

정성 없는 풍요는
빈 그릇일 뿐

오늘 나는
마음을 담는다.

마음을 잇다

멀리 있어도
그대에게 닿는 길은
봄 강물처럼 맑게 흐릅니다

새벽 바람이 지나고
푸른 빛이 잠시 머물면
그대 마음은 내 안으로 스며듭니다

비 내리는 날에는
내 마음이 그대에게로 흐르고
그대 마음이 나에게로 흘러옵니다

우리는 서로의 숲이 되고
서로의 샘이 되어
당신은 나의 새벽이 되고
나는 당신의 새벽이 됩니다.

한마디의 말

말은 빛이고 그림자다.
한마디가 길을 열고 벽을 세우기도 한다.

내 안에서 오래 삭히고 맑아져
따스한 숨처럼 흘러나와야 한다

누군가의 가슴에
칼이 아닌 등불로,
상처가 아닌 위로로 닿기를 바라며

한마디 말은
저녁을 밝히는 등불이 되고
서랍 속 오래된 편지처럼
오래 곁에 남아야 한다.

다시 피어나다

은은한 향기 속, 숨이 깃든다
이토록 부드럽게
다시 피어나는 오늘

목련꽃 차 한 모금마다
햇살 한 조각이 입안에 머물고
지난봄이 화르르 피어오른다

맑은 새소리, 영롱한 이슬,
산들바람 속에 눈부셨던 순간들이
내 안에서 다시 피어난다.

보고 싶은 어머니

성가대에서
'어버이 은혜'를 부르는데
끝까지 노래를 마치지 못했어요
노래 속에 엄마가 계셔서 목이 메었거든요

어릴 적 시장에 따라가면
국화빵과 알사탕 한 봉지 사 주신 엄마
그때는 그게 세상의 전부였어요

겨울이면
꽁꽁 언 손을 이불 속에 넣어 녹여주시던
그 손길은
아직도 기억 속에서 따뜻합니다

어머니가 다니시던 시장길, 산책길
발길은 익숙한데 모습 보이지 않아
자꾸만 뒤를 돌아봅니다

된장 고추장 담가 정성껏 싸주시며
"이번이 마지막일지도 모르겠다" 하셨는데
정말 마지막이 되었네요

"도둑질만 말고 죽을 때까지 배워야 한다"
그 말씀 따라 막내딸은 오늘도
종종걸음으로 삶을 배우고 있습니다

지난날은 웃음이 되고
오늘은 눈물이 됩니다

어머니
오늘 밤 꿈에서라도 잠시
곁에 머물다 가셨으면 합니다.

별빛처럼 오래도록

젊을 땐 곁에 있어야
마음 닿는 줄 알았으나
이젠 멀리서 건네는 눈빛에도
사랑은 머물 수 있음을 알게 하소서

한 공간에 머무르되
서로의 시간을 배려하는 마음이
깊은 사랑임을 기억하게 하소서

하루의 끝,
식탁에 마주 앉아
소소한 이야기로 웃게 하시고
밤이면 서로의 손을 잡고
함께 걸어온 길을 돌아보게 하소서

같이 있어도 때로는 따로,
그 거리마저 따뜻한 우리 사랑이
밤하늘 별빛처럼 오래 지켜지게 하소서.

분꽃

뜨거운 시멘트 틈
오후 네 시가 되어서야 활짝 고개를 든다

어디서 날아와 이 좁은 틈을 택했을까
누가 돌봐준 것도 아닌데
빛조차 닿기 어려운 곳에서
노랑과 분홍 선명한 빛깔로 피운 꽃은
살아 있음의 찬란한 고백이다

사소한 일에도 흔들리고
작은 불편에도 발길을 멈추지만
너는 묵묵히 스스로의 계절을 연다

자리를 탓하지 않고 피어나는 너의 용기
작은 틈에서 가장 환하게 웃는 너를 보며
나의 계절을 생각한다

꽃이 피는 일은
뿌리가 깊어서가 아니라
포기하지 않는 마음 때문이라는 것을
너에게서 배운다.

비워야 머무신다

장마가 걷히고
한 줄기 바람이 내 안으로 들어왔다

메마른 듯 맑은 바람
지난 후회의 먼지를 털고
욕망의 끈을 하나씩 풀어놓았다.

나무 사이로 스미는 빛처럼
그분의 말씀이 들려왔다

"버려라
붙잡지 말아라
네 마음은 닫지 말아라."

조용히 마음의 문을 열어 드렸다.
참 자유란 내 안을 비워
그분이 머무시게 하는 일이었다.

산사의 종소리

산사에 울려 퍼지는 종소리
바람과 구름이 함께 듣는다

붙잡으려 하면
이미 바람 속에 흩어지고
긴 여운만 산허리에 맴돈다

말 한마디 없는 산사,
그 고요한 울림은
내 안의 시간을 비추며
하나둘 내려놓게 한다

멀어지는 종소리 따라
어리석음도 욕심도 가벼워지길
간절히 바라고, 또 바라며
마침내 고요 속에 조금씩 비워낸다.

새해 아침

새벽의 어둠을 밀어내며
부풀어 오른 둥근 해
황홀한 빛 속에 새날이 열린다

어제의 어둠은 지우고
오늘의 새 빛으로 길을 밝혀 주시라고
마음속 작은 기도를 띄운다

생각은 다르지만 같은 곳을 향하고
다짐은 다르지만 희망은 하나이듯이
작은 갈등은 화해로 건네지고
우리의 마음도 따스한 손길로 하나 되기를

너와 내가 엮어가는 하루하루가
기쁨과 행복의 씨실과 날실 되어
함께 걷는 길이 더 아름답고 환해지기를

찬란히 솟아오르는 태양처럼
모두가 건강하고 따뜻하길
세상 어디에서나 빛의 향기로 피어나는
한 해가 되기를…….

선물

케냐의 바람을 품은 커피 한 봉지
그녀의 마음이
향기처럼 따라 왔다

먼 바다 건너온 고소한 향이
잔속에서 은은하게 피어오르고
그녀의 손끝에서 건너온 마음이
고요히 찻잔에 머문다

한 모금에 고마움이 꽃처럼 피어나고
찻잔 속에 그녀의 밝은 웃음이 뜬다

말없이 전해준 따뜻한 마음
커피 한 잔에 담긴 작은 기쁨으로
오늘 하루가 더 빛난다.

소록도의 기도

작은 섬 소록도에는
오늘도 바람이 기도처럼 불고
파도는 오래된 눈물처럼 밀려옵니다

세상에서 잊힌 이름들
악수조차 허락되지 않던 손들이
밤마다 고독의 기도 속에 눕곤 했습니다

마리안느, 마가렛 수녀님이
흰 옷의 발자국으로 섬에 오시어
굳은살 박인 손을 잡아주시며
"당신은 사랑받는 사람"이라 속삭여
그 이름들을
꽃처럼 피어나게 하였습니다

고통을 깊이깊이 껴안으며
십자가의 길을 걸으신 예수님처럼
상처를 부활의 빛으로 바꾸어 주었습니다

그날 이후
섬의 바람과 파도는
여전히 그 이름들을 부르며
수녀님들의 발자국이 남긴 빛을
우리 안에서 오래도록 살아 숨쉬게 합니다.

마음이 있는 곳

바다는
날마다 다른 얼굴로 찾아오지만
말없이 하늘을 품습니다

산은
숱한 생의 길을 가만히 받아들이고
흔들리지 않은 채 숲을 품습니다

마음도
바다처럼 산처럼 깊고 넓을 수 있다면

다른 상처를 가진 이들도
다른 시간 속을 살아온 이들도
조용히 안아줄 수 있다면

오늘
그 마음의 언덕에 잠시 기대고 싶습니다

잠잠한 바다 곁에
묵묵한 산 그림자 곁에
한 줌 바람처럼 앉아

말 많은 세상에
말없이 머무는 바람이고 싶습니다.

설렘

그대 온다 하여
가슴 속 작은 불을 켰어요

바람도 내 마음인 듯
조용히 떨리네요.

흔들리는 마음
달빛 아래 꼭 안고
꽃잎처럼 설레며 기다려요

햇살에도, 바람에도
자꾸만 손에 쥐어보게 되는
그대 생각처럼.

3.
아침 풍경

아침 풍경

한낮의 더위에 지친 마음,
밤새 바람에 말려
풀잎 위 이슬처럼 탱탱해졌다

구름을 털어낸 하늘에
새들은 높은 음표를 그리고
길고양이는 속눈썹처럼 가느다란 소리로
아침을 연다

졸음 한 자락 눈가에 걸친 채
반려견과 느릿느릿 하루를 여는 아주머니
벤치에 앉은 아저씨의 깊은 생각도
담배 연기 따라 흩어진다

빛바랜 유모차에 몸을 기대
시간을 묵묵히 밀어가는 할머니
햇살만큼 가벼운 옷차림에
긴 머리를 하나로 묶은 아가씨
바람을 가르며 조깅한다

풀잎도 사람도
제 냄새를 풀어놓고
서로에게 스며드는 시간

아,
이게 사람 사는 세상이구나.

오동도에 들면

가만히 귀를 열고 들어보렴
동백꽃이 입술을 터트리는 소리
바위와 입맞춤하는 파도
산비둘기 발자국 소리

눈을 들어보면
물앵두 붉은빛 미소
겹벚꽃 분홍빛 파도
시누대 초록빛 춤사위

나무에 기대어 있으면
뿌리의 몸짓이 대지를 흔들고
속살을 타고 오르는 나무의 물결
심장은 마른 목을 적신다

오동도에 들면
익숙한 소리조차 새롭게 느껴지고
멀리 통통배 다니는 소리도
섬의 숨결 속으로 스며든다

그 속에 기대어
동백꽃과 파도와 시누대와 함께
조용히 숨을 쉬며
세상의 작은 속삭임을 듣는다.

숲을 거닐다

5월의 한라 생태숲
새들의 연둣빛 사랑노래 숲을 채운다
박새*는 그 속삭임 엿듣다 말고
혼자 미소 짓는다

다람쥐는 눈 맞춤을 피해
여기저기 기웃대고
노루는 대꾸도 없이
보드라운 풀로 허기진 배를 채운다

지천에 널브러진
보라, 노랑, 하양의 이름 모를 들꽃들
서로 얼굴 내밀어 시샘하며 눈길을 잡아끄는
숲속의 봄날

나뭇잎 사이로
언뜻언뜻 보이는 맑은 하늘빛에 누워
바람의 숨결에 몸을 맡기며
숲속의 화음에 귀를 적신다

더 넓게 더 깊이 들기 위해
한없이 한없이
옥죈 마음을 풀어 놓는다.

*박새: 외떡잎식물 백합목 백합과의 여러해살이풀

어머니, 희망의 이름
- 성모성월

어머니 뒤편으로 수줍게 피어난 장미 송이들
바람에 흔들립니다
말없이 미소 짓는 그 모습이
당신의 눈빛을 닮았습니다

손에 쥔 묵주 알을 하나씩 굴릴 때마다
기도가 꽃잎 되어 하늘로 오릅니다

바람이 지나는 길목에서
문득 어머니, 당신 이름을 불러봅니다
눈물이 먼저 다가옵니다.
꾹 눌러둔 슬픔,
끝내 말하지 못한 고백,
아직 놓지 못한 마음의 눈물입니다

절망 앞에 선 우리에게
조용히 문이 되어주셨고
길을 잃은 날엔 등불이 되어 주셨습니다

기도하지 못한 날에도
아무 말 없이,
그저 거기 계신 것만으로 큰 위로가 되었습니다

때론, 게으른 기도마저 품어주시고
단 한 번도 등을 돌리지 않으신 어머니
저희도 이제,
누군가의 어둠을 밝히는 작은 빛이 되고 싶습니다

촛불을 켜며
당신께 감사와 사랑을 올립니다
당신을 닮은 이 불빛이 세상의 어둠을 몰아내고
누군가의 길을 밝혀 줄 수 있기를 소망합니다

세상은 어둡더라도
당신이 계시기에 두렵지 않습니다

당신이 우리의 어머니라는
이 진실 하나로
우리는 끝까지 희망을 품고 살아갈 수 있습니다

어머니! 사랑합니다.

숲이 내어준 자리
- 서귀포 치유의 숲에서

긴 편백 의자에 몸을 맡긴다
편백과 참나무 사이로 스며드는 하늘빛
숲이 품은 그늘이 한낮의 뜨거움을 잠재운다

빽빽한 나무들이 내뿜는 싱그러운 향기
가슴 깊이 들이쉬자
하늘과 바람과 햇살이
한꺼번에 오감을 깨운다

번져오는 새들의 합창
옅은 숨비소리를 닮은 바람
나뭇잎 사이로 쏟아지는 햇살이
은빛 실처럼 머리맡에 내려앉는다

모든 것을 품어 안은 숲에서는
나도 모르게 숙연해진다
고마움과 감사,

그 사이로 조용히 젖어드는
나의 작은 버킷리스트

숲속에서는
오늘을 영원처럼 새기는 꿈꾸는 나무였다.

여름 산길에서

무심히 올려다본 하늘에는
푸르게 번진 나뭇잎들이 살랑대고 있었다

길 없는 하늘에도
나무들은 길을 내었고
다른 나무와 부딪히지 않으려
조금씩 몸을 틀어가며
자신의 하늘을 완성해 가고 있었다

뿌리를 깊이 내리면서도
다른 이의 자리를 넘보지 않는 나무들,
햇살 한 줌에도 서로를 밀어내지 않고
끝내 푸른 하늘이 되었다

푸르게 숨 쉬는 나뭇잎들이
함께 숲이 될 수 있다는 걸
오직 몸짓으로
하늘 너머까지 들려주고 있었다

그 잎 하나하나가
소리 없는 가르침이 되어
바람처럼 가슴에 스며들었다.

숲속 시낭송

가을빛을 품에 안고
반짝이는 물빛 위를 걷는다

서늘한 바람에 나뭇잎은 속살대고
계곡 물소리 정겹고
높고 낮은 새들의 화음이
하늘에 그려지는 숲속 정원

깊고 낮은 설렘으로
시의 선율이 숲을 물들인다

지나가는 사람들 하나 둘 자리하고
새들도 다람쥐도 가던 길 멈추고
귀를 쫑긋 세운다

어린나무는 키 작은 눈길을 보내고
고목들은 시어들을 품어 안는다

나무와 풀과 새와 다람쥐가 청중이 되는
미평 수원지에서
나의 마음을 함께 읊는다.

아름다운 뒷모습

비를 털어낸 오후,
계단에 매달린 담쟁이를 본다

햇살은 잎맥을 타고 흘러
초록을 번쩍 세우지만
그 뒤편에는 떨어지지 않으려 내민
여린 손길들이 있다

그렇지
웃음의 이면에는
부러진 말들, 끝내 삼킨 울음들이
겹겹이 깔려 있다

앞모습이 환한 까닭은
뒷모습이 오래 어둠을 짊어졌기 때문이다

하여,
누군가의 등을 바라보며
그 사람이 걸어온 모든 계절을 본다.

아침 햇살

어제까지만 해도
눈부신 아침 햇살은
내 책상 위를 깊게 탐독하며
주름진 미간을 꼿꼿이 세우더니

오늘 아침은
독서 중의 몇 페이지를 훌쩍 넘겨둔 채
책상 위가 고요하다

태풍이
지구의 기울기도 바꿨나 보다
책상 위로 쨍한 햇살이
비켜 가다니

먼 바다에서 태풍이 오고 있다는 건
알고 있었지만
가을이 오고 있다는 건
잊고 있었다.

안개에게 배운다

커튼을 걷자
안개가 조용히 세상을 감싸 안고 있었다

건물과 도로, 산등성이까지
모두 흰 숨결 속에 잠겨
마치 세상이 멈춘 듯 고요했다

빛조차 조심스레 움직이는 아침,
도로 위 불빛들은
자신이 지닌 온기로 안개를 밀어내며
잠든 풍경을 하나씩 깨웠다

며칠째 나를 붙잡고 놓지 않는
희뿌연 생각 하나
그 또한 안개처럼 자유로울 수 있다면

모든 것을 놓아버릴 것이 아니라
고요히 품을 수 있어야 한다고
안개의 품 안에서 안개의 아침을 맞는다.

아침 기도

새 생명을 허락하신 주님
이 하루 헛되이 보내지 않도록
제 작은 기도를 들어주소서

여유로운 마음으로
기다릴 줄 아는 사람이 되고
제 안의 욕심을 채우기보다
타인의 한숨과 눈물을 먼저 보는
넉넉한 사람이 되게 하소서

주님께서 허락하신 숨결 속에서
이웃의 작은 아픔에도 귀 기울이며
흘려듣는 일 없도록 도와주시고
더 낮아지고 더 작아지는
겸허한 사람이 되게 하소서

나의 이기심으로
후회하는 일이 반복되지 않게 하시고
허물 많은 저로 인해
주님께 누가 되지 않도록 도와주소서

곱게 번져가는 노을빛을 바라보며
당신이 제게 주신 하루를
감사와 사랑의 마음으로
닫을 수 있도록 도와주소서.

어머니

위령성월
어머니는 모든 것 다 비워내고
마른 꽃잎 되어 하느님 품에 안기셨습니다

에움길 가시밭길을 걸으시면서도
여린 다섯 올의 숨결만으로
세상을 견디셨던 어머니

"언덕은 내려다 봐도
사람은 내려다보는 게 아니다"
늘 나누며 실천하셨던 가르침
이제야 제 가슴 깊이 새겨봅니다

"인생은 풀잎에 이슬 같아서 잠깐이더라
무엇이든 담아두지 말고 훌훌 털어내면서
살아야 하니라" 하신 말씀
이제야 겨우 알아듣습니다

밀랍인형 같은 얼굴
오똑한 코와 움푹 팬 두 눈
꾹 다문 입술에서
아직도 제 이름이 불릴 것만 같습니다

떠나신 후 처음으로 맞는 어버이날
차가운 대리석 이름 위에 카네이션 한 송이 올리고
눈물로 두 손을 모읍니다.

봄바람에 스며오는 어머니의 평안한 음성이
고요히 저를 감쌉니다.

안개 속 기도

차에서 내리니 안개가 서린다
흐릿한 세상
형체들은 모두 사라지고
목소리만 들려온다

보이지 않는 세상에서
내 마음속에도
네 생각 안에도
안개 자락이 깃들진 않았는지

제대로 보지 않고
제멋대로 생각하고
제대로 듣지 않고
제멋대로 말하지는 않았는지

맑은 바람으로 안개를 밀어내듯
흐릿한 마음을 정화시켜 주시고
닫힌 마음 열어
내 안에 밝은 빛을 허락하소서

안개 속에도
주님의 뜻을 기억하게 하시고
안개 뒤편엔
늘 주님이 계신다는 것을 알게 하소서.

연둣빛 첫사랑

멀리 보이는 산
연초록이 꽃보다 먼저 피어나
봄빛을 연둣빛으로 적신다

그 사이로 연분홍 산벚꽃
숨결처럼 고요히 앉는다

햇살은 나를 데리고 오르고
바람은 너를 데리고 저문다

떠난 이와 떠나보낸 이
봄빛의 품 안에서 다시 만나
그리움마저 사랑으로 물든다

꽃물결 흩날리는 산허리
그 바람 안에서
첫사랑처럼
내 마음도 다시 꽃핀다.

하얀 장미

햇살이 꽃잎 위에 내려앉은 오후
하얀 장미 속에서 어머니를 만납니다

하얀 장미를 좋아하셨던 어머니
어루만지던 고운 손길

그리움은 세월을 건너도 퇴색되지 않고
꽃잎처럼 선명해져 내 눈을 적십니다

곁에 계시지 않아도 하얀 장미를 바라보면
어머니의 미소가 내 안에서 나를 다독여 줍니다

올해는 무덤가에 하얀 장미를 심겠습니다
꽃이 피면 바람에 흔들리듯
그곳에서 나를 부르실 것 같습니다.

오조리에서

성산일출봉이 아침을 물들이면
오조리 마을엔 바람이 지붕을 쓰다듬는다

파도 앞에 웅크린 가마우지 떼가
두려움 없이 물속을 향한다

오랜 침묵 끝에
물고기 한 마리 입에 문 채
순서 없이 물 위로 오른다

햇살에 반짝이는 해녀들의 허리
엉덩이를 들어 바다 속 생을 건져 올리는 그들
부채춤처럼 밀려드는 파도
하늘빛을 흠뻑 머금은 물빛은
눈부시게 곱다

바위 틈, 황근 하나
그 작고 질긴 잎눈을 내밀며
아무 말 없이 생을 버텨내고 있다

천천히 길을 걷는다
물결 소리 멀어지며
지나온 날들이 내 안에서 출렁인다.

이런 사람이고 싶다

내 이름이 불릴 때
누군가의 얼굴에
작은 미소가 번진다면 좋겠다

겨울날 모닥불처럼
봄볕처럼
따스한 사람으로 기억된다면 좋겠다

내가 건넨 말 한마디가
고단한 하루를 밝혀주고

내가 내민 손길 하나가
슬픔을 덜어준다면 좋겠다

나의 작은 몸짓조차
빛이 되고, 쉼이 되고
작은 희망이 된다면 좋겠다

그렇게 기억된다면
흐린 날 한 줄기 햇살로 남아도
따스하겠다.

억새에게 배운다

가을 끝자락,
새별오름에 비가 내린다

억새꽃에 달린 빗방울은
투명한 구슬 되어 바람결에 날린다

바람에 몸을 맡긴 가녀린 춤사위와
아름다운 화음

고개 숙인 삶의 어느 순간 같아
멈춰 선 그 자리,
억새는 더 깊어지고 나는 더 작아진다

비를 맞아도 더 빛이 나고
고개를 숙여도 더 아름다운
시간의 흐름 속에 드리운 삶의 순간들

영원히 춤출 순 없다고
멈춤도 더 깊어지는 삶이라고
하얗게 꽃이 되어 날린다.

잃어버린 꿈
- 제주항공 사고를 생각하며

희망과 설렘을 안고
여행길에 오른 꿈들

손 흔들던 서로의 만남을
지척에 두고
돌아오지 못할 시간 속에
하늘과 땅은 무거운 침묵으로 흐른다

숨죽여 흐르는 눈물
미처 전하지 못한 말들은
가슴속 진한 아픔 되어
깊은 슬픔에 젖어 든다

사랑한다는 말을 삼키며
그리운 이름 하나하나 불러보지만
부서진 날개 아래 묻혀버린
애틋한 사연과 못다 한 이야기들

핏빛 가슴으로 물들어도
살아내야 할 이유를 헤아리며
따뜻한 기억들 품고 살아가야 하리

이생의 무거운 짐 내려놓고
떠나가는 발걸음
바람처럼 가벼워지기를

부디, 그곳에서는
무탈하고 평안하길 두 손을 모은다.

4.
파르르, 봄

작은 반성

맨발 걷기가 유행이다
이른 저녁 나도 집을 나선다

처음엔 맨발로 서는 것조차 불편하다
땅만 보고 살금살금 걷는다
시간이 지날수록 초록의 나뭇잎도
춤추는 한 쌍의 나비도 보인다

보폭이 커진다

아야
아주 조그마한 돌부리다
옅은 핏자국도 보인다

다리를 절룩거리며 생각한다
무심코 던진 내 말 한마디
어디선가 돌부리 되어 박혀있진 않은지

지난 기억들을 더듬어
돌부리를 뽑아
둥글게 둥글게 다듬어 간다.

작은 아픔이 불러온 그리움

손끝에 박힌 가시 하나,
작고 보잘것없는 통증이 불현듯 당신을 데려옵니다.

"까시가 들어 갔는갑다.
니 밝은 눈으로 찬찬히 봐라"

닳고 문드러진 손가락을 내밀던 어머니
기억 속 당신의 손은
늘 자식들을 위해 거칠고 아팠던 손이었네요

오늘 내 손끝에 박힌 가시는
험난한 길을 걸으며 자식들을 지키고
고단했던 순간들을 사랑으로 견뎌낸
당신의 흔적입니다

어머니, 보고 싶은 마음은
가시처럼 빼낼 수도 잊을 수도 없지만
작은 통증은 감사한 마음으로 깊어집니다

그 손도 목소리도 없는 지금
가시보다 더 깊이 들어온 그리움을
눈물로 품습니다.

폐타이어

지구를 한 바퀴 넘게 돌고
숨 가쁘게 달려온 시간을
돌담 아래 내려놓았다

오래 달려온 길 위에서
팽팽하던 근육마저 닳고 지쳐
이제는 좀 쉬어야겠다

가만히 가부좌를 틀고 앉아
눈을 감았다

잠깐 사이,
길을 잃은 담쟁이 넝쿨이
내민 손을 슬그머니 잡는다

내게 기대어 쉬라고
내 안에서 둥지를 틀라고
말없이 마음을 건넨다

햇살 아래
둥글게, 둥글게 퍼져가는
담쟁이의 연초록 숨결

봄꽃으로 피어난다.

해무 속 오동도에서

부~웅 붕
고동 소리가
가슴 깊은 곳을 두드린다

해무 사이로
오동도 등대가
조심스레 얼굴을 내밀고

소노캄 지붕은
작은 산처럼 떠 있다

남해의 설흘산도
말없이 능선만 남기고
자취를 감춘다

세상은 숨죽인 듯 고요하고
무역선들이 허공에 띄운 그림자처럼
잠시 나타났다 이내 흩어진다

나는
그 풍경 속에 스며
조용히 한 점으로 남는다

참 작고
참 가벼운
한 사람.

작은 기도

오늘은
어제 죽어간 이들이
그토록 꿈꾸던 내일입니다*

헛되이 살지 말자고
새끼손가락 걸며 약속하지만
뜻대로 되지 않는 것이 있습니다

당신은
일곱 번이 아니라
일흔일곱 번이라도 용서하라 가르치셨지만
마음대로 되지 않습니다

언제나 짓눌린 마음을 풀어 놓을 수 있을지
저의 옹졸함을 생각하며
십자가의 주님을 바라봅니다

용서도 은총이 필요함을 알기에
제 부족함을 채워달라며 두 손을 모읍니다

불빛이 하나 둘 꺼져 드는 고요한 시간
모든 것에 감사하며
겸손한 마음으로 하루를 닫는 기도를 바칩니다

유난히 반짝이는 별빛 하나
내 마음에 둥근 파동을 일으킵니다.

*그리스 극작가 '소포클래스'가 남긴 말

파르르, 봄

연등 길 따라
봄비 속 산사를 오르는 길목
동백나무 아래
작은 들꽃이
파르르 떨고 있었다

비바람 속에서도
제 계절을 꺾지 않고
피어난 그 모습이
너를 닮았다고 생각했다

곁에 있는 것만으로
위로가 되는 사람
나는 너에게
그런 사람이 되고 싶었다

흔들리되 꺾이지 않기를
넘어지되 잊히지 않기를

이름 모를 들꽃이
누군가의 하루를 견디게 하듯
너도, 나도
그런 존재면 좋겠다.

첫여름의 숨바꼭질
- 제주 동화마을에서

비와 햇살이
숨바꼭질하는 오후입니다

동자석을 지나
현무암 틈 사이로 핀 수국들
아이보리, 보라, 블루, 핑크
그 향기 따라
잊고 있던 기억이 피어납니다

연꽃 사이를 누비며
알토와 바리톤의 목소리로
개구리들이 첫여름을 노래하고
연잎 위 개구리는
조각된 인어상을 바라보며
잠시 숨을 고릅니다

그 모습을 가만히 바라보다
시원한 물소리에
발길을 옮깁니다

햇살, 바람, 꽃잎 그리고 나
서로를 포근히 감싸 안는 한가로운 시간

보이지 않는 것들이
따뜻하게 다가오는
첫여름입니다.

짧은 만남 긴 여운
- 마이산을 다녀와서

천길 물속에서 뜨거웠던 연인들의 포옹
자연마저 시새워 갈라놓았다

남자는 동쪽에서 여자는 서쪽에서
칠천만년의 애틋했던 시간
얼마나 더 많은 세월을 견뎌야 할까

제 몸에 새겨진 크고 작은 그리움의 상처
아픔을 아픔이라 말하지 못하고
깊어진 흔적들이다

고요히 자리한 은수사에는
누군가는 사랑을
누군가는 용서를
또 다른 이는 잃어버린 꿈을 찾는
간절한 마음들이 다녀간다

아쉬움에 뒤돌아보니
늦가을 고운 옷을 입은 나뭇잎들은
돌탑들 사이로 몸을 내려놓는다

나는, 마음 하나 돌탑 위에 올려놓고
조용히 발길을 돌린다.

절개

벼랑 끝에 피어 있는
동백 한송이

부드럽게 다가온 햇살의 유혹에도
칼끝보다 매서운 비바람의 회유에도
옷깃을 허락하지 않았다

툭-.
하얀 파도 끝에
가만히,
자신을 놓아 주었다.

지금 어디세요?

쏟아지는 빗줄기
발목을 붙잡는 퇴근길

잠시 멎은 틈
차에 오르자 울리는 전화벨

"지금 어디세요?"

빗소리보다 선명한
익숙한 음성

짧은 안부 속에
긴 세월이 숨 쉬고

돌아가는 길
비에 젖은 발자국마다
무지개가 번진다.

피안의 길에서

산사의 새벽은
예불 소리로 깨어나
속세에 묵은 때 한 겹씩 벗겨내며
번뇌의 옷자락을 털어낸다

엄마 손잡고 오르던 흥국사 돌탑 길
이제 혼자 걸어도
엄마의 온기가 돌탑마다 스며 있다

108개의 돌탑을 지나며
하나, 둘 쌓인 돌마다
눈물 같은 염원이
얼마나 많은 손길을 거쳐 왔을까

지난여름 보랏빛 향기로 눈길을 붙잡던
맥문동 꽃은 사라지고
푸른 잎새들만 서로 어깨를 포개며
겨울 끝자락의 시린 시간을 견디고 있다

앙상한 가지 아래
낙엽 사이로 얼굴 내민 풀 한 포기
그 여린 숨결로 봄을 알리고
엄마의 미소처럼 다정한 연둣빛으로 웃는다

엄마가 키우던 강아지를 닮은
황갈색 털옷 입은 강아지 한 마리
순한 눈빛으로 내 곁에 잠시 머물다
주인이 부르는 소리에 미련 없이 달려간다

나는 홀로 돌탑 길에 남아
그리운 이름을 불러본다

돌탑마다 스민 기도가
바람결에 번져
내 그리움도 언젠가는
피안의 길이 되어 어머니께 닿을까.

청년을 만나러 갑니다

이른 아침,
헬스장 문을 열면
은빛 머리칼에
맑은 눈동자들이 나를 반겨줍니다

어깨는 굽었지만
웃음은 고왔고
말은 더욱 따뜻했습니다

운동기구 위에 앉은 어르신들이
서로의 안부를 묻습니다
잃었던 웃음을 임플란트로 되찾고
주름진 얼굴마다
세월이 놓고 간 이야기가
조용히 피어납니다

얼굴을 마주하며
오늘의 건강을 묻고
어제의 아픔을 웃음으로 넘깁니다

그 무심한 세월을
고스란히 받아 안은 분들
그들의 마음속엔
어린 날처럼 맑고 순한 영혼이
아직 숨 쉬고 있습니다

이름도, 직함도, 나이도 벗어두고
땀방울로 하루를 여는 그분들을
나는 '청년'이라 부릅니다.

파도와 나

끝없이 밀려와 부서지는
네 몸짓과 목소리

새까만 바위 위에
푸르게 멍든 몸을 던져
끝내 하얀 거품으로 부서진다

내 마음도 언젠가
누군가를 향해 거침없이
내 던진 적 있었다
허공에 흩어질 줄 알면서도
멈추지 못한 적이 있었다

파도는 쉼 없이 부서지고
내 안에 잠잠한 물결도
은밀히 떨린 적 있었다
누구도 알지 못하는
나만의 속 깊은 갈망이 있었다

바람이 고요해지면
파도는 다시 잠잠해지고
나는 이제야 알겠다
그리움은 부서지기 위해
힘껏 제 한 몸 내던진다는 것을….

하늘과 구름

푸른 하늘은 고요한 마음
구름은 흩날리는 생각
언제나 함께해도 서로를 구속하지 않는다

하늘은 든든한 배경이 되어
흩어지는 슬픔도
모여드는 기쁨도
깊고 푸른빛으로 다독인다

구름은 하늘에 기대어 쉼을 찾고
하늘은 구름으로 마음을 물들인다

구름은 자유로운 영혼
가는 길이 어디인지 몰라도
하늘은 묵묵히 품어 안는다

구름이 숨어버린 날도
하늘은 서두르지 않는다

함께 있을 때
가장 빛나는 풍경이 된다
사이좋은 오누이처럼
마음이 마음을 품는다.

화엄매

뒤틀리고 휘어져 굽은 허리
각황전과 원통전 사이
홍매화 가지마다
진분홍 그리움이 피어오르네

긴 겨울 어둠을 삼키며
눈 속에 갇힌 날들 많아도
님을 향한 그리움은 놓지 않았으리

꽃 피워내기까지
얼마나 많은 밤을 견뎠을까
그 고통이 스며든 자리에 피어난 홍매화

힘겨웠던 기다림의 고통과
수많은 사연들 꽃잎 속에 깃들이고

너를 배경 삼아 추억을 남기려는 사람들
마음과 눈에 담기며
묵묵히 곁을 내어주며
지난날 진한 고독을 삭이고 있네

임이여,
이 산사에 꽃잎 지는 날
내 마음도 흩날려 그대에게 닿을까?
텅 빈 바람 속에도
그리움은 여전히 무거워라.

후회는 없어라

숲을 걸었습니다
모래의 숨결을 밟으며
갈대의 속삭임을 지나왔습니다

길마다 당신을 품었고
당신 생각만으로 하루가 빛났습니다

눈을 감으면 달빛이 당신을 품고
눈을 뜨면 호수가 당신을 흔들었습니다

잊으려 할수록 그리움은 깊어져
손을 움켜쥐었습니다

기다림이 다한 자리에서 침묵처럼 조용히
가을 나무가 햇살을 내려놓듯 당신을 내려놓습니다

이 길이 우리가 함께 걸어야 할 마지막 길임을 압니다
빈자리에 당신의 빛을 심고 홀로 걸어갑니다

어디에서든
내 안의 불빛처럼
누군가의 삶을 따뜻하게 밝혀줄 것입니다.

가을길에 놓인 시

거북공원
한적한 길 따라 시가 놓였다

발걸음을 멈추고 시 속에 머문다

바코드를 찍으면
시가 노래되어 나온다
그 노래는
바람 속에 깃든 말이고
사람의 온기다

쉰다섯 편의 시가 모여
길을 이뤄
누군가의 하루에
작은 마음결이 된다

시간으로 어루만진 손길에
가장 밝은 빛이 내려앉으리라

가을비가 내리는 오늘
길 위에서
시심은 더 깊어진다.

12월 문턱에서

남은 달력 한 장
한 해의 끝자락에 닿았다는 아쉬움도 잠시
가만히 지나온 시간을 되돌아본다

봄날의 꽃잎처럼 피어난 기쁨도
가을날의 낙엽처럼 쌓인 슬픔도
품속에 묻어두고

후회는 바람처럼 흘려보내고
감사는 별빛처럼 가슴에 담고
걸어온 길 비록 흠결 많아도
그 또한 나의 발자국이리니

채우지 못한 빈칸들이 아쉽고
다시 못 볼 순간들은 아련하지만
과거는 과거로 거기 남기고
설렘으로 내일을 채워가리라.

성가정의 길
- 결혼하는 아들, 며느리에게

두 사람의 이름이
하늘에 맑은 종소리 되어 울리는
오늘, 두 영혼이 하나 되어
사랑의 집을 짓는 첫날,
우리 모두 기도로 축복합니다

주님의 은총이 꽃비처럼 내려
두 마음을 적시고
사랑의 씨앗이 고요히 피어나게 하소서

사랑은 기다림 속에 피어나는 꽃이라
서로의 다름마저 품는 넓은 마음을 주시고
작은 등불 되어 서로의 길을 비추게 하소서

믿음은 두 손을 꼭 잡는 힘이 되고
기도는 두 마음을 잇는 고운 빛이 되어
서로의 작은 기쁨과 슬픔 속에서
늘 함께 머물게 하소서

두 사람이 함께 걷는 길이
세상의 빛과 소금이 되게 하시고
두 사람이 함께 지은 집에
사랑과 평화로 가득 차게 하소서

주님, 이 사랑을 축복하시어
언제나 성가정의 기쁨 안에 들게 하소서.

남은 날의 다짐

살아온 세월을 돌아보면
내 곁을 가장 오래 지켜준 사람도,
내가 가장 많이 아프게 한 사람도
가족이었다

하늘빛 고운 오후
그들의 얼굴을 떠올리면
참 많은 시간,
다 품지 못한 온기로 저물었음을 안다

바쁘다는 이유로
피곤하다는 핑계로
내 마음의 문을 닫고 있을 때에도
그들은 말없이 내 곁을 지켜주었다

남은 날들 동안은
조금 더 따뜻하게,
조금 더 천천히
그들의 하루를 함께하리라.

괜찮아
고마워
사랑해

이 말을 먼 훗날에야
건네지 않으리라
오늘 하루가 마지막인 듯
서툴러도 진심으로
표현하며 살아가리라.

조애숙 시인의 시읽기

세계에 대한 맑은 이해로 마련한 서정의 자리

신 병 은 (시인)

시 줍는 시간
무엇보다 나에게 선물하는 귀한 시간입니다.

바람과 함께 걷고
들꽃과 이야기를 나누고
햇살의 빛결 속에서
조금은 환해지고 깊어졌습니다.

그 길에서 주운 몇 줄의 문장이
나의 삶, 나의 시가 되었습니다   - 자서 -

 프란시스베이컨에 의하면 '아는 것이 힘이고' 아인슈타인에 의하면 '아는 것보다 상상력이 더 중요하고' 유홍준 교수에 의하면 '사랑하면 알게 되고 알게 되면 보이나니 그때 본 것은 전과 같이 않다고' 했다. 그래서 세상의 순리는 관심이고 관심만 있으면 모든 게 다 나에게 새로운 경험이 되고 그 경험이 시가 된다.

세상의 모든 창작은 재발견이고, 아울러 내 안에 담겨 있던 서정의 풍경이 어떤 상황에서 다시 불러나온 풍경이다. 「토지」 작가 박경리도 그의 작품은 일상생활 중에 만나게 되는 어떤 풍경, 이야기의 파편이 마음속에 남아 오랫동안 떠나지 않고 맴돌면서 토해내는 이야기라 했다. 일상의 순간순간에 만나는 모든 파편들이 누구도 그렇게는 생각하지 않은 생각의 옷을 입고 드러난다.

클레는 소리를 화폭에 담아낸 「지저귀는 기계」라는 작품을 만들었는가 하면, 페이메이르는 고요를 빛으로 그려낸 「천문학자」라는 작품을 그렸고, 피카소는 「두 자매」에서 어떤 말로도 표현할 수 없는 아픔과 슬픔을 침묵의 이미지로 표현했다.

상상력과 창의성은 대상의 단순한 모방이 아니라, 지금 여기의 한계를 넘어 새로운 시간과 공간을 창출한다. 상상력은 보이는 것 너머를 보는 힘, 즉 남들이 보지 못하는 세계를 보는 능력이다. 보이는 것을 꿰뚫어 그 너머의 보이지 않은 것을 드러나게 하는 힘이며, 삶을 에네르기를 고양하는 능력이다. 늘 보던 사물과 현상도 관점을 달리해 생각해보는 것이다. 관점을 달리해서 늘 보던 풍경에서 전혀 다른 낯선 풍경을 발견하는 일이다. 그래서 세상은 하나이면서 둘이고 둘이면서 하나다. 평범한 일상이 어떻게 시가 되고 어떻게 공감과 감동으로 다가 갈 수 있을까에 대한 하나의 답이 될 수 있을지도 모른다.

시적 상상력은 사물을 미화하고 부풀리는 것이 아니라, 해부하고 쪼개어 바라보면서 존재의 그 딱딱한 껍질 안에 잠재해 있는 시간과 공간의 이미지를 새롭게 끄집어내는 일이다. 빵이 있는 식탁에서 호밀밭 바람소리를 듣고, 붉은 포도주를 마시며 남국의 파란 하늘과 뜨거운 여름 햇볕을 생각한다.

아인슈타인은 죽음이란 무엇인가에 대해 '더 이상 모차르트의 음악을 들을 수 없는 것'이라 한 말에 공감하고 동의하게 된다.

우리가 아는 '사과'의 변용도 그렇다. 에덴동산 선악과 뉴턴의 만유인력, 파리스의 트로이전쟁, 세잔의 사과, 애플사의 사과, 백설공주의 사과, 윌리엄텔의 사과가 다 다르다. 이어령 박사는 '뉴턴의 사과는 떨어지는 것만 보고 그 작은 사과가 어떻게 나무에 올라갔는지는 보지 않았다'라고 생각의 방향을 달리 보여주었다. 창조는 세상에 없는 것을 만드는 일이 아니라 늘 보던 것에서 그동안 보지 못한 다른 모습을 발견하는 일이다.

이 점에서 조애숙 시인의 시를 만난다.

그의 시적감수성은 시를 쓰기 이전부터였던 것 같다. 일상의 풍경 속에 안겨있는 진솔하고 아름다운 작은 삶의 모습을 보면서 쉬 감동하고, 그 과정에서 진정으로 자신을 만나고 자신을 들여다보면서 자신을 맑게 성찰해낸다. 그리고 풀 한포기 바람 한 올에도 감동하고, 맑은 휴일에도 감동하는 새로운 하루를 산다.

이보다 더 맑은 삶도 없을 것이다.

'시 줍는 시간, 바람과 함께 걷고 들꽃과 이야기를 나누고 햇살의 빛결 속에서 조금은 환해지고 깊어지는' 삶은 얼마나 행복할 수 있을까. 그동안 헤아리지 못한 것을 하나둘 새롭게 만나는 삶은 스스로 행복한, 나를 나답게 사는 행복한 삶이 아닐 수 없다.

그에게 시는 곧 삶 그 자체기 때문이다.

세렌디피티(Serendipity)는 '우연한 발견이나 행운'을 의미하는 말로, 예상치 못한 것을 우연히 발견하거나 만났을 때의 희열을 뜻한다. 우연한 풍경이나 사건이나 상황을 통해 새로운 삶의 발견이나 성취를 말하며, 창의성과 혁신을 촉진하는 중요한 요소로 여겨진다. 그의 시창작도 일상의 우연한 재발견, 즉 일상의 틈새에 숨겨져 있는 자연과학적이면서 인문학적 의미를 발견하는 통섭의 매력에 빠져 있다.

그동안 쓴 시 한 편 한 편이 이처럼 성찰과 통찰의 결과물로서 발견하고 감동하는 즐거움의 연속이었다.

모퉁이를 돌다
하얀 남천꽃 아래
분홍 낮달맞이꽃 삼색제비꽃,
페튜니아의 숨결에 발길이 머뭅니다

고개 들어본 철망 위
하얀 종이 한 장

"화단에 있는 풀은 모두 꽃입니다"

그 말이
꽃보다 먼저 가슴에 핍니다

같은 풀이라도
누구 곁에 피었느냐에 따라
꽃이 되기도 합니다

함께 피어있는 것만으로
꽃이 되는 일도 있고
곁이 되어주는 것만으로
누군가의 꽃이 되는 순간도 있습니다

우리는 모두
누군가의 곁에서
꽃이 되어야 할 이유입니다   -「꽃이라는 이름」

이 시를 감상하다보면 선한 마음이 선한 풍경을 볼 수 있다는 생각에 동의하게 된다.

평범한 풀도 누군가의 곁에서 피느냐에 따라 꽃이 될 수도 있고, 이름 모르는 잡초가 될 수도 있다는 메시지만으로도 큰 위로가 되어 다가온다. 누군가의 곁에 있다는 것, 함께 존재한다는 것만으로도 서로를 빛나게 할 수 있다는 메시지가 마음 깊이 와 닿는다.

'곁'은 어떤 사람이나 물체 따위와 공간적·심리적으로 가까운 옆을 의미한다. '우리는 모두 누군가의 곁에서 꽃이 되어야 할 이유'만으로 존재의미를 갖게 된다. 말없이 곁에 있어주는 것만으로 누군가의 하루가 환해지고 같이 피어 있는 것만으로 서로의 꽃이 되는 순간이 있다.

좋은 곁은 서로에게 플라시보고 서로에게 에너지가 된다.

시인에게 꽃이라는 이름은 가장 빛나는 순간에 떠날 준비를 하는 모습을 보이는가 하면, 마지막 꽃잎이 떨어지기 전에 고요히 길을 내는 삶의 풍경이 되어준다.(「꽃처럼 살자」) 그런가 하면 어느 날엔 바람막이고 어느 날엔 등불이 되고 지칠 때면 나를 일으켜 세우는 눈빛이 된다.(「곁」) 그래서 끝까지 오래오래 함께하고 싶다. 바람이 불어도, 비가 내려도 곁이 있다는 건 세상에서 가장 따뜻한 꽃잎 하나를 품는 일이 된다.

> 어머니가 떠나신 지
> 사계절이 지났지만
> 꿈속에도 오시지 않는 건

너무 멀리 가셨다는 뜻이겠지요

잠결에 손을 뻗어
당신 누우시던 자리를 더듬고
덮어주시던 이불자락을 가만히 당겨봅니다

된장 뚜껑을 여시던 장독대 앞,
나는 살금살금 다가가
어머니 허리를 꼭 껴안았지요
놀라 돌아보시며
"귀찮게 하지 마라" 하셨지만
입가엔 햇살 같은 웃음이 피어났지요

그립다는 말을 마음속에 눌러두고
하루를 조용히 보냅니다
그 말이 목 끝에서 차올라
저녁 찻잔에 가만히 내려앉습니다

어머니,
당신이 계시던 자리에
햇살이 길게 누웠습니다
그 햇살에 손을 얹어봅니다

당신 손길처럼 참 따뜻합니다
　　　　　　　　-「햇살 위에 손을 얹다」

'어머니'는 그 어휘 하나로도 우주고 세상의 전부다.
어머니는 우리가 처음으로 경험하는 '우주'의 품이면서 생명의 시작, 보호, 그리고 무한한 사랑을 뜻하는 원형상징이다. 사계절이 지나도록 그리움이 가라앉지 않는 마음, 일상의 작은 순간에 스며든 어머니의 흔적, 그리고 햇살에 손을 얹으며 느끼는 따뜻함 등 시인에게 어머니는 시간이면서 공간이고, '어머니 계시던 자리에 길게 누운 햇살 위에 손을 얹는' 행위로 내 존재의미를 되새긴다. 햇살은 어머니에 대한 따뜻하면서도 정겨운 추억을 감각적으로 드러내는 상징어가 된다.

시인의 어머니에 대한 간절한 그리움은 빗소리에 어머니의 숨결을 느끼고 마음 속 비가 되어 오신 어머니를 만나 종일 어머니의 품속을 걷는 일이고(「그리움은 빗물 되어」), 지인이 보내준 새알 동지팥죽에서 둥글게 둥글게 마음을 빚던 어머니의 사랑을 그리워하는 일이다(「동지팥죽」).

단순한 슬픔과 그리움의 의미가 아니라, '된장 뚜껑을 열고, 이불자락을 끌어당기고, 찻잔에 내려앉는 말' 등의 함께 했던 시간을 추억하며 어머니에 대한 진정한 사랑과 그리움이 어떻게 내 삶에 스며들어 있는가를 보여준다.

> 잠자는 시간이 달라졌어요
> 그렇게 우리는 각자의 방을 갖게 되었죠
>
> 거실 양쪽으로 잠자러 가는 길,
> 서로에게 "잘 자요"라고 말해요

아주 가끔은 짧은 길이 멀게 느껴지고
돌아서는 길이 좀 쓸쓸하더라고요

밤새 뒤척이지 않기 위한 우리의 선택,
서로의 깊은 잠을 위한 거리예요

"잘 잤나요"
그 말이 조용히 서로의 아침 문을 열어요

서로 다른 방에 있어도
같은 지붕 아래 있다는 건 감사할 일이에요

"잘 자요"
"잘 잤나요"

서로를 만나는 인사가 언제까지일지 모르지만
오늘, 지금 이 순간이 참 고마워요
- 「같은 지붕 아래」

아내의 자리는 어디고 남편의 자리는 어디여야 하며 그리고 부부의 자리는 어떤 모습이어야 할지를 되묻게 해 준다. 사랑이란 말이 참 따뜻한 무늬와 결로 다가오면서 부부의 거리와 보이지 않은 애틋한 사랑의 모습이 오버랩 되어온다. '각자의 방'이라는 물리적 거리는 오히려 서로를 더 깊이 이해하고 배려하게 하는 정서적 거리로 환치되고, '잘 자요' '잘 잤나요' 아침마다 나누는 인사 속에 지금 이 순간의 소중함과 깨달음은 물론 '서로의 깊은 잠을 위한 마음의 거리'까지 헤아리게 된다. 그래서 '오늘, 지금 이 순간이 참 고마워요'라는 구절은 이 시 전체를 감싸주는 따뜻한 숨결처럼 느껴지는 것이다.

서로에게 보내는 고요한 배려고 고요한 감사다.

일상이 특별한 일상이 된 참 맑고 고운 부부의 아침 풍경을 만난다. 고요한 새벽에 길을 나서며 말없이 서로의 온기를 느끼고, 그대가 건네는 따뜻한 차 한 잔으로 내 하루가 환해지는(「그대에게」) 풍경이고, '그대 덕분에 자갈길이라 걸어왔던 길들이 돌아보니 꽃길'(「덕분에」)임을 알게 된다.

그의 부부의 사랑학은 '멀리서 건네는 눈빛에도 사랑이 머물 수 있고' '같이 있어도 때로는 따로인 거리마저 따뜻한 사랑'(「별빛처럼 오래도록」)인 것이다.

이처럼 무심코 지나는 사물을 한 번 더 새롭게 바라보면서 생각지 못한 의미를 발견해내는 시인의 시적 안목은 일상 속에서 마법을 찾고, 보잘것없는 것에서 특별함을 찾는 일이다.

그의 시 한 편 한 편이 일상에서 만난 마음의 풍경, 마음을 흔드는 공감, 혹은 언어의 시적 사용에 대한 설명이 될 수 있다.

그의 언어부림 또한 평소에 일상적으로 사용하는 말에 대한 관심에서 매일매일 성숙해지고, 늘 사용하던 말의 의미를 다시금 생각해보는 습관을 밑자리로 하여 성숙해간다.
　시의 힘은 새롭게 사용된 언어에서 나온다.
　그래서 그의 시 창작은 세상을 새롭게 출력하는 일이 된다.

　　문득 바라본 앞산
　　쏜살같이 흘러가는 구름 그림자
　　나의 하루가 구름의 속도로 흘러간다

　　빛처럼 빠르게 지나온 시간 속
　　젊은 날 끝없이 아득했던 길
　　이제는 손에 닿을 듯 가까워졌다

　　되돌아 묻는다
　　남긴 흔적들은 따스했는가?
　　나의 소박한 걸음이
　　누군가의 그늘이 된 적은 없었는가?

　　지나온 길
　　작은 빛 하나로 남을 수 있기를,
　　작은 불빛처럼
　　어둠 속 한 줄기 빛이 되어 피어오르길,

　　앞산의 그림자를 보며
　　잠시 내 속도를 내려놓는다
　　　　　　　　　　　　－「구름 속의 묵상」

묵상은 '묵묵히 마음속으로 생각함' 혹은 '말없이 마음속으로 기도를 드림'의 사전적 의미를 지닌다. 시인은 쏜살같이 흘러가는 구름의 그림자를 보며 문득 빠른 세월의 흐름 속에 선 자신을 돌아보며 현재의 나를 성찰하고 있다. 성찰의 나이가 되었다는 뜻이리라. 자연의 풍경을 자아화하는 방식으로 시인에게 자연의 현상은 삶의 투영하는 거울과도 같다.

어둠 속 한줄기 빛이 되어주기를 바라며 잠시 삶의 속도를 내려놓은 모습에서 바쁜 일상을 살며 진정한 자신을 잃어버린 우리를 성찰하게 한다. 가만히 읊조리면 이 시의 정서에 맞춰 잔잔한 피아노 선율 혹은 구름처럼 흐르는 안락한 분위기의 앰비언트 사운드가 흐르는 것 같아 감정의 깊이가 더욱 살아난다.

이른 봄날 아직 필 기미를 보이지 않은 한그루 매화를 보며 '바람 길이 너무 멀었니? 괜찮아 서두르지 마, 나도 그런 적 있다'(「너의 시간」)고 다독이는 모습에서 배려와 느림, 고요의 미학을 눈치 챌 수 있다.

    오동도 하얀 등대 모퉁이 데크길을 걷는다
    붉게 물든 동백꽃들이
    바람에 젖은 기억처럼 흩어진다

    손끝 닿는 자리마다

> 핏빛으로 물들던 그날의 바람,
> 누군가의 마지막 숨결이 되어
> 아직도 바다 위를 맴돈다
>
> 사연을 모르는 여인들이
> 바다가 훤히 보이는 쉼터에 앉아
> 사진을 찍고 웃는다
> 그때 잠든 꽃 한 송이
> 내 앞으로 툭 떨어진다
>
> 저도 놀랐구나,
> 꽃잎은 붉게 떨고
> 나는 조용히 손바닥으로 그 온기를 받는다
>
> —「그날」 부분

그에게 오동도는 아침 산책길이다. 오동도하면 동백이 떠오르는 오동도의 동백은 봄의 전령사라기보다는 4·3사건 혹은 여순사건의 상징으로 오버랩된다. 시인은 지금 오동도 데크 길을 산책하며 붉게 물들었던 '손끝 닿는 자리마다 핏빛으로 물들던 그날의 바람'을 추억하며, 땅에서도 바다에서도 핀 동백에서 '누군가의 마지막 숨결'을 느낀다.

'그때 잠든 꽃 한 송이 내 앞으로 툭 떨어진다'

'툭'이란 의성어 한 음절이 그날의 긴박했던 순간들을 체험해 낸다. 그리고는 '저도 놀랐구나/ 꽃잎은 붉게 떨고 나는 조용히 손바닥으로 그 온기를 받아내는' 시간의 체험을 손닿은 듯한 감각으로 체험해낸다.

  시 창작은 일상의 틈틈이 숨겨져 있는 소리와 풍경, 그 틈새에 들어있는 같고도 다름을 낚아채는 일이다. 세상에 이런 일도 있구나, 세상에 이런 풍경도 있구나, 세상에 이런 소리도 있구나, 세상에 이런 맛도 있구나 하는 생각들이 '세상에 이런 시도 있구나'로 변용된다.

  그에게 시 창작은 늘 보아오던 풍경 속에 안겨있는 새로운 세상을 출력하는 일이다.

  틀을 깨는 연습이고 자유로운 정신(nomade)의 유영이다.

> 물기 어린 들길을 걷다
> 발밑에 피어난 작은 들꽃 하나를 보았습니다
> 세상의 분주한 발자국들 사이에서
> 누구의 눈길도 받지 못한 채
> 조용히 피어 있는 꽃을 바라보는 동안
> 세상은 잠시 멈춰 있었습니다
> 숨 가쁘게 달려온 날들 속에서도
> 이토록 작은 생을 바라볼 줄 아는 눈이
> 아직 내 안에 남아 있다는 사실이
> 그저 고마웠습니다
> 지친 마음, 풀어놓지 못한 말들이 많았지만
> 바람은 지나가고 꽃은 말없이 흔들렸고
> 나는 그 곁에 한참을 앉아 있었습니다
> 꽃은 아무 말도 하지 않았지만
> 그날,

가장 따뜻한 말을 내 안에 남겨 주었습니다
　　　　　　　　　　　　　　－「들길에 핀 위로」

　시가 참 따뜻하고 정겹다.
　읽고 싶은 시, 오래오래 가슴에 담아두고 싶은 시는 이런 시가 아닐까 싶다. 가만히 읊조릴 때마다 새록새록 위로의 손길이 되어 어루만져 준다. 시가 되는 순간은 작은 풍경 속에 안겨있는 발견의 순간이고, 누구나 그렇다고 믿는 공감과 울림의 순간이다.
　들길은 걷다 누구의 눈길 한번 받지 못하는 키 작은 들꽃을 발견하는 순간 그의 세상은 멈춰 서고 자신에게 아직도 이런 모습의 내가 반갑고 기쁘고 보람있는 존재임을 실감한다. 꽃은 아무 말 하지 않았지만 그에게 가장 따뜻한 말을 안겨주게 된다.
　조지 클라우센의 「들판의 작은 꽃」이 오버랩 되어온다. 풀밭에 바짝 엎드려 오로지 꽃을 들여다보는 그림 속 소녀는 꽃을 보기 이전의 소녀가 아니라 지금 봄꽃으로 피어나는 소녀다. 화가도 조애숙 시인도 꽃만 본 것이 아니라, 꽃을 통해 자신의 안쪽을 들여다보는 황홀한 순간이다.
　가만히 '꽃이 피는 일은 뿌리가 깊어서가 아니라 포기하지 않은 마음 때문'(「분꽃」)임을 체험해 낸다.

　　쏟아지는 빗줄기
　　발목을 붙잡는 퇴근길

잠시 멎은 틈
차에 오르자 울리는 전화벨

"지금 어디세요?"

빗소리보다 선명한
익숙한 음성

짧은 안부 속에
긴 세월이 숨 쉬고

돌아가는 길
비에 젖은 발자국마다
무지개가 번진다 　　　　　　 -「지금 어디세요」

언젠가 어디선가 한두 번은 들었을 법한 안부다.
'지금 어디세요'
　지친 하루를 접고 퇴근하려 차에 오르자 걸려온 전화 한 통, 빗소리보다 더 선명하고 정겨운 안부를 누가 물어준다면 참으로 하루의 피곤이 한순간에 풀어질 것도 같다. 나의 퇴근을 기다려 준 누군가가 있다는 것만으로 행복할 것 같다. 단순하고 평범한 한마디의 안부지만, 그 말 속에는 시간과 공간의 흔적은 물론이고 힘들고 어렵고 지친 하루가 은유로 풀어져 긍정과 희망의 에너지로 다가온다.

밥 같이 먹을래? 술 한 잔 할래? 영화 보러 갈래? 비 오는데 우산은 있나요?

여운으로 자리하는 그 뒷말의 폭넓은 의미를 유추해보면, 이처럼 평범한 일상 속에서 누군가의 안부 한마디가 얼마나 폭넓은 위로가 되는지를 알게 된다.

하루의 무게를 들어주고 따뜻한 담요처럼 지친 마음을 감싸주는 그 한마디에 지친 하루가 다시 눈부시게 피어난다.

조애숙 시인의 또 하나의 시정신은 비움의 미학이다.

더 정확하게 말하면 비워서 마련한 맑은 동심이다. 비우고 비워 더 이상 비울 수 없는 상태가 완전한 상태고, 그 자리가 동심의 자리다. 가만히 비운 동심의 자리에서 맑은 안목과 시심으로 세상을 맑게 성찰해낸다. 아무리 추하고 때 묻고 너절한 세상도 그의 시심을 지나면 맑게 정화된다.

> 가을빛을 품에 안고
> 반짝이는 물빛 위를 걷는다
>
> 서늘한 바람에 나뭇잎은 속살대고
> 계곡 물소리 정겹고
> 높고 낮은 새들의 화음이
> 하늘에 그려지는 숲속 정원

깊고 낮은 설렘으로
시의 선율이 숲을 물들인다

지나가는 사람들 하나 둘 자리하고
새들도 다람쥐도 가던 길 멈추고
귀를 쫑긋 세운다

어린나무는 키 작은 눈길을 보내고
고목들은 시어들을 품어 안는다

나무와 풀과 새와 다람쥐가 청중이 되는
미평 수원지에서
나의 마음을 함께 읊는다.
-「숲 속 시낭송」

바쁜 일상에 잠시 쉼표를 찍고 숲길을 걸어보자.

뜀박질하면 나 자신만 보이고, 뛰다가 걸으면 나무와 숲이 보이고, 걷다가 서면 대자연의 대 합창소리가 들리고, 서 있다가 앉으면 그동안 볼 수 없었던 경이로운 세상이 보인다고 한다. 풀 한 포기, 나무 한 그루, 쓰러진 나무 곁에 앉으면 그들이 들려주는 이야기에 벅찬 감동이 밀려온다.

비단 이 시만 그런 것이 아니라 대체적으로 조애숙 시인의 시의 밑자리는 맑은 동심이 자리한다.

"아름다움이 세상을 구원할 것이라는 도스토예프스키의 믿음을 나도 믿지만, 나는 아름다운 대신 동심이 믿음의 대상이다. 동심이 세상을 구원한다"는 정채봉 작가의 말이 생각난다.

동심은 시적 대상을 단순한 하나의 사물로 보지 않고, 하나의 세상 안에 안겨있는 수많은 세상을 읽어내는 안목을 지닌 눈이기 때문이다. 동심은 사과에서 빨강을 꺼내는 일이고, 햇살을 꺼내는 일이고, 이슬을 꺼내는 일이고, 살랑대는 바람을 꺼내는 마음이다.

진정한 시심은 동심이 밑자리 할 때 출발한다.
동심(童心)이 곧 시심(詩心)인 셈이다.

요즘, 아이들보다 더 실수투성이는 어른인지도 모른다.

세속적인 삶에 찌들린 세상에 동심을 회복하는 응시가 헝클어진 세상을 제자리로 돌려놓는 응시다. 동심으로 바라보는 세상은 그리 바쁠 것도 없고, 이타적인 관계도 없고, 시비에 얽매이지도 않는 늘 새롭고 신기한 호기심 천국의 세상이다. 개미와 나비와 베짱이와 친구가 되어 주어야하고 꽃과 새의 이야기도 들어주어야 한다. 동심으로 보면 세상은 다 아름답고 개미와 꽃과 돌멩이까지 소통하지 못할 대상은 아무것도 없다는 것이다.

그래서 동심은 사람의 마음 중에서 가장 높은 곳에 있는 마음일 것이다.

조애숙 시인의 대표시 몇 편으로 그의 작품세계를 더듬어

보았다.

　누구나 쉬 공감하게 되는 일상의 재발견, 맑은 동심을 밑자리로 하여 시적문법과 일상어의 진폭을 넓혀 우리에게 인문학적 상상력과 재발견의 즐거움을 선사해 준다.

　그의 시 쓰기는 세계에 대한 폭넓은 이해를 앞세워 자신을 서정적으로 만나는 새로운 시작이면서 그의 안에 내재하는 꿈들을 다시 꿈꿔 세상에 내보내는 작업이다.